Coleção **CONHECENDO A TERRA**

A HISTÓRIA DA TERRA

HENDRIK HERMAN ENS
Bacharel e Mestre em Geologia
pela Universidade de São Paulo

PAULO ROBERTO MORAES
Mestre em Geografia Física
pela Universidade de São Paulo

ÍNDICE

- **UM PLANETA ESPECIAL**... 5
- **CRÔNICA PETRIFICADA**... 15
- **MANIFESTAÇÕES DAS PROFUNDEZAS**......................... 25
- **JUNTANDO AS PEÇAS**.. 30
- **ATIVIDADE PRÁTICA**... 42

Acesse e faça *download* do pôster **A Deriva dos Continentes**.

Direção Geral: Julio E. Emöd
Supervisão Editorial: Maria Pia Castiglia
Programação Visual: Mônica Roberta Suguiyama
Editoração Eletrônica: Neusa Sayuri Shinya

Capa: Mônica Roberta Suguiyama
Fotografia da Capa: Rainer Albiez/Shutterstock
Impressão e Acabamento: Log&Print Gráfica

A História da Terra
Copyright © 1997, 2021 por editora HARBRA ltda.
Av. Lins de Vasconcelos, 2334
04112-001 – São Paulo – SP
Tel.: (0.xx.11) 5084-2482. Site: www.harbra.com.br

Todos os direitos reservados. Nenhuma parte desta edição pode ser utilizada ou reproduzida – em qualquer meio ou forma, seja mecânico ou eletrônico, fotocópia, gravação etc. – nem apropriada ou estocada em sistema de banco de dados, sem a expressa autorização da editora.

ISBN 85-294-0040-2
ISBN (coleção) 85-294-0031-3

Impresso no Brasil

Printed in Brazil

APRESENTAÇÃO

O planeta Terra está em contínua transformação. Para chegarmos ao estado atual, bilhões de anos se passaram. Mudanças profundas ocorreram ao longo desse tempo, porém estas, na sua maioria, são tão lentas que se tornaram imperceptíveis comparadas à duração da vida humana. Desvendar esta história para entender a evolução geológica do planeta sempre foi um desafio para os cientistas. Nos últimos anos, devido aos avanços tecnológicos e das ciências da Terra, muito se descobriu, mas muitas perguntas ainda continuam sem respostas.

O presente livro, pertencente à coleção CONHECENDO A TERRA, visa justamente apresentar e explicar de maneira clara, precisa e simples, alguns conhecimentos básicos da história do nosso planeta.

Esperamos que esta obra seja para o leitor apenas o início da fascinante caminhada que o levará mais longe no conhecimento do planeta Terra.

Os autores

Longe, ao norte, numa terra chamada Svithjod, existe uma rocha. Possui cem milhas de altura e cem milhas de largura. Uma vez em cada milênio, um passarinho vem à rocha para afiar seu bico. Quando a rocha tiver sido assim totalmente desgastada, então um único dia de eternidade ter-se-á escoado.

LOON, Hendrik van. *Tempo geológico.* São Paulo: E. Blücher/EDUSP, 1969. p. 17.

Um Planeta Especial

A nossa Terra é uma esfera que gira ao redor do Sol.

Outros planetas também fazem esse mesmo percurso, mais próximos do Sol, ou mais distantes. Alguns planetas são rochosos: Mercúrio, Vênus e Marte. Outros são enormes esferas gasosas. A Terra também é um planeta rochoso, mas existem aqui tipos de rochas que não são encontrados em nenhum outro planeta do Sistema Solar. As rochas que constituem os continentes são exclusivas da Terra. Entre os continentes e ao redor deles temos os mares e oceanos.

Você sabia que água líquida é conhecida somente na Terra? Olhe para a foto acima. Ela deve lhe parecer bastante familiar. Veem-se continentes, oceanos e, envolvendo a Terra, o azul da atmosfera com suas brancas nuvens. Veremos nas próximas páginas o que existe oculto por detrás dessa superfície conhecida.

Essa esfera que viaja pelo espaço circulando o Sol é o lar de todos nós. Conhecemos bem a sua superfície. Você reconhece os oceanos e os continentes?

A História da Terra

Planeta rochoso

Os planetas mais distantes do Sol – Júpiter, Saturno, Netuno e Urano – são esferas gasosas. A Terra e os outros planetas que circulam ao redor do Sol em órbitas mais próximas são esferas sólidas, constituídas de minerais e rochas.

Rochas existem em qualquer lugar na Terra. Em alguns lugares a rocha aflora nua, formando penhascos ou lajedos, em outros pode estar recoberta por espessas camadas de solo. Mas sempre, em qualquer lugar, existe rocha em profundidade. É o substrato do nosso planeta.

Existem os mais diversos tipos de rochas. Às vezes, você pode observar que são um agregado de muitos grãozinhos. Em algumas rochas esses grãozinhos são facilmente visíveis; em outras, eles são tão pequenos que é necessário o uso do microscópio para vê-los. Em alguns casos, eles não existem: a rocha é vítrea. Esses grãozinhos são os minerais. Em algumas rochas, existe somente um tipo de mineral. Em outras, mais comuns, existem dois ou mais tipos. Os minerais também podem ocorrer isoladamente.

Mais de 2.000 minerais distintos são conhecidos. Cada um deles tem propriedades bem-definidas: cor, composição química, estrutura cristalina, dureza, transparência, brilho, densidade, índice de refração etc. Alguns minerais são apreciados por sua beleza: são as gemas ou pedras preciosas. Você conhece alguma? Outros minerais são muito importantes para o homem. Os metais são extraídos de minerais. Cimento, cal, gesso, talco e muitos outros produtos são feitos a partir de minerais.

Entre os muitos minerais conhecidos, somente alguns poucos ocorrem em grandes quantidades. São os minerais formadores de rocha. Os outros são relativamente raros. Alguns são raríssimos.

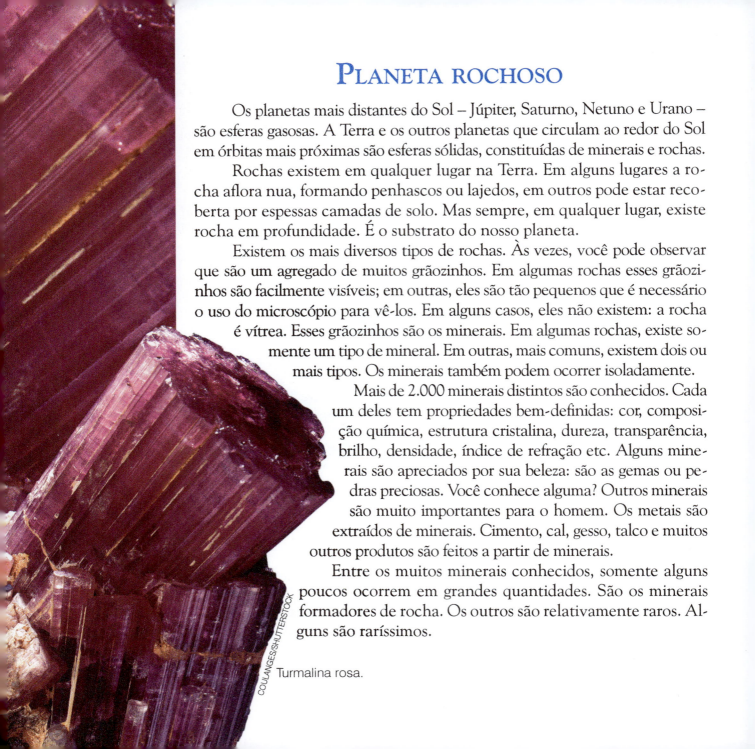

Turmalina rosa.

ROCHAS E MINERAIS

Minerais são substâncias sólidas não--orgânicas que se formaram por processos naturais. Cada mineral tem uma composição determinada, podendo ser constituído por um ou mais elementos químicos. Outra característica é a estrutura, que se manifesta nas diferentes formas geométricas dos cristais. Se duas substâncias têm a mesma composição química, mas estruturas diferentes, trata-se de dois minerais distintos.

Substâncias produzidas pelo homem, animais ou plantas não são consideradas minerais, mas podem ser denominadas *minerais sintéticos* ou *biogênicos*. Alguns sólidos naturais não têm estrutura definida. Esses são denominados *mineraloides*.

Rochas são agregados naturais de muitos grãos de minerais ou mineraloides, constituídas por um só tipo de mineral ou por vários. As rochas podem ser formadas por diferentes processos:

▶ *rochas ígneas* formam-se pelo resfriamento e cristalização de uma massa fundida denominada *magma*. Quando essa cristalização ocorre na superfície da Terra, a rocha formada é denominada *vulcânica*, e quando a cristalização acontece em profundidade, forma-se uma rocha *plutônica*;

▶ *rochas sedimentares* formam-se pela deposição e compactação de grãos de argila, areia e seixos nas bacias sedimentares. Podem formar-se também pelo acúmulo de restos de animais e plantas. Camadas de sais podem formar-se quando ocorre a evaporação da água que os tinha em solução;

▶ *rochas metamórficas* formam-se pela transformação de outras rochas. Devido às altas temperaturas e pressões que existem no interior da Terra, as rochas sofrem transformações na sua estrutura e composição mineral.

Banco de dados

Uma rocha muito comum nos continentes é o granito: é constituído de quartzo e dois tipos de feldspato, acompanhados de mica ou hornblenda. Na base dos continentes, debaixo de muitos outros tipos de rocha, sempre existem rochas graníticas. Nos oceanos não existe granito. Os assoalhos oceânicos são constituídos de uma rocha escura de granulação muito fina, denominada basalto. Constituído basicamente de grãozinhos minúsculos de feldspato e argila, o basalto é pobre em silício, também chamado de rocha básica. O basalto é pobre em silício e praticamente não contém quartzo. É classificado como rocha básica. Basaltos são muito comuns na Lua e em outros planetas.

Alguns minerais formadores de rocha

O *quartzo* é um mineral muito comum. Sua composição química é muito simples: silício e oxigênio (SiO_2). Quando cristalizado em cavidades pode formar bonitos cristais conhecidos como cristais de rocha, existentes em várias tonalidades de cores: violeta (ametista), rosado, vermelho, amarelo, fumê, preto e azulado.

SEBASTIAN JANICKI/SHUTTERSTOCK

Os *feldspatos* constituem mais da metade da crosta terrestre. Compõem-se de silício e alumínio além de cálcio, sódio ou potássio.

ALEKSANDR POBEDIMSKIY/SHUTTERSTOCK

A *mica* tem composição química mais complexa. Constitui-se de silício, alumínio, potássio e água, podendo conter ainda ferro, magnésio e outros elementos. Os cristais de mica têm a forma de placas hexagonais. A **clivagem** bem desenvolvida faz com que a mica possa ser desfolhada em placas muito finas.

WOE/SHUTTERSTOCK

KRIMKATE/SHUTTERSTOCK

A *calcita* é constituída de carbonato de cálcio ($CaCO_3$). É o principal mineral formador de mármores e calcários. Muitos animais e algas fazem conchas e carapaças de calcita. A clivagem faz com que cristais de calcita quebrados formem sempre pequenos romboedros (forma de um cubo distorcido).

A *hornblenda* ocorre em muitas rochas ígneas e metamórficas. É um silicato hidratado de magnésio, cálcio e ferro, de composição bastante variável, na qual entram ainda vários outros elementos. Forma prismas de coloração escura que podem também ser fibrosos.

A *augita* é um importante constituinte dos basaltos. De coloração escura, compõe-se de silício, oxigênio, cálcio, ferro e magnésio. Pode conter ainda outros elementos. Seus cristais têm a forma de prismas curtos.

A *magnetita* é um óxido de ferro que forma cristais octaédricos. As primeiras bússolas foram feitas com magnetita, cujos grãos alongados podem ser usados como agulhas magnéticas. Quando existe em grandes quantidades, a magnetita é utilizada como minério de ferro.

Os *argilominerais* são invisíveis a olho nu. É necessário utilizar o microscópio eletrônico para observar os cristais de argilominerais, semelhantes à mica, mas menores que 4 milésimos de milímetro. Os argilominerais retêm água e nutrientes no solo, sendo assim muito importantes para o desenvolvimento das plantas.

A HISTÓRIA DA TERRA

Oceanos e continentes

Observe em um atlas ou globo terrestre o que existe na superfície de nosso planeta. Você vai verificar que mais de 2/3 dela são cobertos pelas águas dos oceanos. O restante são os continentes e as ilhas, terras mais elevadas do que o nível do mar.

Se pudéssemos observar a superfície da Terra sem a água dos oceanos, veríamos que está dividida nitidamente em dois patamares.

O patamar mais elevado corresponde aos continentes com suas serras, cordilheiras, planaltos e planícies. Desse conjunto faz parte também uma porção denominada plataforma continental: é uma parte do continente que se encontra recoberta pelas águas do mar (nela, o mar se aprofunda lentamente até mais ou menos 200 m), pois sua formação geológica e seu relevo são uma continuação do continente.

O segundo patamar engloba as vastas profundezas recobertas pelos oceanos. Na borda da plataforma continental, as profundidades do mar começam a crescer rapidamente, até 3 ou 4 mil metros, onde encontramos as planícies abissais, cadeias de montanhas submersas e as fossas marinhas.

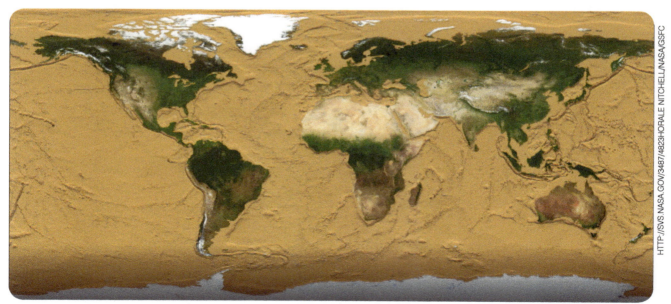

Esta seria a Terra se não houvesse água nos oceanos.

brânquias modificadas

Os mares e oceanos são o *habitat* de seres impressionantes, de cores e formas múltiplas. À medida que vai aumentando a profundidade, assumem aspectos extremamente diferentes e não apresentam mais o colorido dos seres que vivem próximos à superfície, como o nudibrânquio da foto (nudibrânquios são moluscos).

Banco de dados

Os lugares mais profundos

As partes mais profundas dos oceanos não estão no meio deles, como poderíamos pensar. Elas ocorrem em estreitas faixas denominadas *fossas abissais*, que se localizam ao longo de algumas bordas de continentes ou acompanhando conjuntos de ilhas alinhadas. Ao longo dessas fossas ocorrem vulcões e terremotos. Nas fossas, as profundidades são superiores a 6.000 m; o lugar mais profundo até agora descoberto é a Fossa das Marianas, cujo ponto mais profundo, conhecido como *Challenger Deep* ("Depressão Desafiadora"), tem 11.034 m de profundidade.

O interior da Terra

Da superfície da Terra até o seu núcleo existem 6.371 km de mistérios. Essa distância é uma média, pois a Terra não é perfeitamente esférica. Com equipamentos modernos de perfuração podemos atingir pouco mais de 10 km de profundidade. A cada 100 m que penetramos no interior da Terra, a temperatura se eleva aproximadamente 3 °C, e assim as grandes profundidades nunca poderão ser diretamente observadas pelo ser humano.

Então, como sabemos sobre o interior da Terra?

Escutando o seu interior!!
Imagine um lenhador que pretende utilizar a madeira de uma frondosa árvore. Como ele poderá descobrir se a árvore não é oca e que a madeira é de boa qualidade? É claro, batendo no tronco. O som vai revelar as propriedades do interior. O que é o som? São vibrações que atravessam diferentes substâncias com diferentes velocidades.

Para descobrir o que existe no interior da Terra também foram utilizadas vibrações: aquelas causadas pelos terremotos. Essas vibrações, denominadas *ondas sísmicas*, são de vários tipos e revelam a densidade e a constituição do interior da Terra. Quando existem mudanças na densidade do material, as ondas mudam de direção. Certo tipo de vibrações, denominadas ondas "S", não atravessa líquidos. Podemos saber, assim, onde existem líquidos no interior da Terra. A velocidade de propagação das vibrações revela a densidade dos materiais. Uma rede de aparelhos sensíveis, que registram mesmo as mais tênues vibrações causadas por terremotos ocorridos em regiões distantes, fornece informações que, no seu conjunto, permitem fazer uma especie de ultrassonografia da Terra.

> **Você sabia?**
>
> ...que os indios da América do Norte, encostando o ouvido na terra, podiam ouvir um tropel de cavalos se aproximando antes de o som chegar através do ar? Isso acontece porque o som e outras vibrações se propagam mais rapidamente pelo solo, que é mais denso.

Ultrassonografia: análise, por meio de ondas de natureza acústica, das imagens do interior de objetos, animais, vegetais etc.

12 A História da Terra

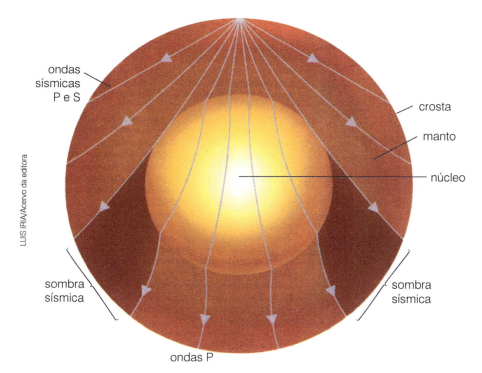

O percurso das ondas sismicas. As vibrações não são detectadas na região denominada sombra sísmica devido à refração pelas camadas internas da Terra. As ondas primárias (P) são semelhantes às do som e propagam-se através da Terra toda. As ondas secundárias (S) atravessam somente sólidos.

Fonte: SIEVER, R.; ELACHI, C.; JEANLOZ, R. Die Dynamik der Erde. Heidelberg: Spektrum Akademischer Verlag, 1987. p. 35.

CAMADAS INTERNAS

As vibrações registradas pelos sismógrafos permitiram descobrir o que existe no interior da Terra. O *núcleo* da Terra é uma enorme esfera com densidade muito elevada. A pressão e a temperatura são altíssimas: algo em torno de 3,5 milhões de atmosferas e 5.000 °C. A parte extema do núcleo é líquida e a parte interna, sólida.

Envolvendo o núcleo, uma espessa camada denominada *manto* é essencialmente sólida. Sua densidade é muito maior que aquela das rochas comuns da superfície.

A última camada é a *crosta*, tão delgada que sua espessura poderia ser comparada com a de selos colados sobre uma bola de futebol. Tudo o que vemos à nossa volta – as paisagens com suas altas montanhas e vales, por exemplo – faz parte dessa camada delgada.

Pode-se descrever as camadas no interior da Terra detendo-se na sua composição ou no seu comportamento. Surgiram assim duas classificações, que às vezes são usadas de maneira confusa. Quando se baseiam na composição, os cientistas falam de crosta, manto e núcleo. A crosta é constituída basicamente de basaltos nos oceanos e de granitos nos continentes. O manto constitui-se basicamente de minerais ricos nos elementos silício, ferro e magnésio. O núcleo deve ser constituído essencialmente de ferro com um pouco de níquel, semelhante aos meteoritos ferrosos.

Já quando se baseiam no comportamento da Terra, os cientistas a dividem em litosfera, astenosfera, mesosfera, núcleo externo e núcleo interno. A *litosfera* engloba a crosta e a parte superior do manto. Ela é sólida e flutua sobre a *astenosfera*, que apresenta comportamento plástico devido a uma pequena proporção de material fundido. A *mesosfera* é sólida e o *núcleo* é dividido em uma parte externa líquida e uma parte interna sólida.

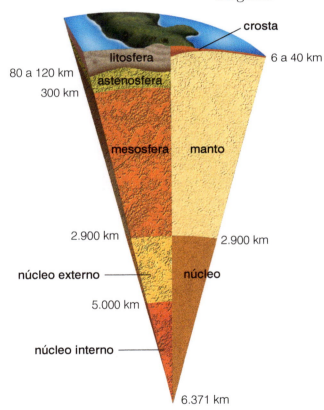

Observe e compare as duas maneiras de descrever as camadas interiores da Terra: segundo o ponto de vista do comportamento (à esquerda) e segundo sua composirção (à direita).

A História da Terra

CRÔNICA PETRIFICADA

Algumas pessoas escrevem diários. Se você tivesse em mãos o diário de uma pessoa que viveu muito tempo atrás, poderia descobrir muitas coisas acerca da vida dela, do lugar onde viveu, dos costumes da época e muito mais. Mas para isso são necessárias algumas condições: você deverá saber ler, decifrar a letra do autor e aprender a língua na qual foi escrito o diário, talvez uma língua antiga, sânscrito ou latim. O diário pode ter sofrido acidentes, podem faltar letras, palavras ou até mesmo páginas ou capítulos inteiros.

A Terra também escreve diários! Os acontecimentos do passado remoto, milhões, ou até mesmo bilhões, de anos atrás, ficaram registrados nas suas rochas.

Como a Terra escreve a sua crônica?
Como os cientistas decifram as mensagens gravadas?
Qual é a história contada pelas rochas?
Você vai aprender neste volume as respostas a essas perguntas: a biografia do nosso planeta.

Na Chapada Diamantina, uma parte do interior da Terra está exposto. A erosão cavou profundos vales entre os tabuleiros. Observe as camadas horizontais – não se parecem com as páginas de um livro fechado?

A Terra é velha?

O tempo é uma entidade misteriosa. Desde os primórdios das civilizações o homem se preocupou em fixá-lo, elaborando calendários baseados em observações astronômicas. De fato, a nossa percepção do tempo relaciona-se com os ritmos dados pelos movimentos da Terra e da Lua ao redor do Sol. Uma volta em torno do eixo da Terra é um dia; uma volta ao redor do Sol é um ano. A Lua dá a volta ao redor da Terra em aproximadamente um mês. Um homem vive em torno de 70 a 80 anos. Será que durante o transcurso de uma vida podem ser observadas mudanças significativas na paisagem? Fotografias antigas ou pinturas mais antigas ainda mostram que as montanhas, os vales, a linha de costa, os rios continuam onde estavam! Para abranger as mudanças na superfície da Terra é necessário um tempo muito maior do que uma vida humana. Como, então, descobrir a idade da Terra?

Uma das primeiras tentativas foi a do arcebispo irlandês Ussher. Ele considerou as genealogias encontradas na Bíblia como uma fonte segura de informação cronológica. Isso o levou a divulgar, em 1654, tendo apenas somado as gerações relatadas, que no dia 26 de outubro do ano 4004 a.C., às 9 horas da manhã fez-se luz e a Terra foi criada.

Somente no século XX, com o conhecimento da Radioatividade, é que se tornou possível medir diretamente a idade de um mineral, de uma rocha ou de um conjunto de rochas. Descobriu-se que as rochas têm no seu interior verdadeiras certidões de nascimento!

A história da Terra foi dividida em capítulos, páginas, parágrafos, frases, palavras... A tabela geológica ilustrada ao lado mostra essas divisões, que, como você pode ver, recebem nomes diferentes: eons, eras, períodos... Essas subdivisões não são aleatórias, mas representam as grandes modificações na vida da Terra.

Você sabia?

...que as rochas mais antigas que se conhecem foram encontradas na Groenlândia? Elas se formaram há 3,8 bilhões de anos. Existem rochas mais antigas ainda, mas são rochas extraterrestres. Em um fragmento de meteorito encontrado no Arizona, EUA, determinou-se uma idade de 4,6 bilhões de anos. Acredita-se que esta seja a idade da Terra, pois provavelmente a condensação dos planetas e dos meteoritos no Sistema Solar tenha ocorrido na mesma época.

Radioatividade: propriedade de alguns elementos químicos de emitirem espontaneamente radiação eletromagnética.

Eon: grandes períodos da história da Terra.

Tabela do tempo geológico

EON	ERA	PERÍODO	ÉPOCA	INÍCIO (MILHÕES DE ANOS)	PRINCIPAIS EVENTOS
F A N E R O Z O I C O	Cenozoica	Quaternário	Holoceno	0,01	homem moderno
			Pleistoceno	1,75	última glaciação
		Neogeno	Plioceno	5,30	primeiros hominídeos
			Mioceno	23,5	expansão dos insetos
		Paleogeno (Terciário)	Oligoceno	33,7	primeiras gramíneas
			Eoceno	53	estão presentes todas as ordens conhecidas dos mamíferos
			Paleoceno	65	mamíferos começam a se diferenciar e ocupar espaços deixados pelos dinossauros
	EXTINÇÃO DOS DINOSSAUROS				
	Mesozoica	Cretáceo		135	início da abertura do oceano Atlântico, surgem as angiospermas
		Jurássico		203	primeiras aves
		Triássico		250	primeiros dinossauros, primeiros mamíferos
	EXTINÇÃO DE MAIS DE 90% DAS ESPÉCIES VIVAS				
	Paleozoica	Permiano		295	
		Carbonífero		355	formação de muitas jazidas de carvão mineral, primeiros répteis, primeiras coníferas, primeiros insetos voadores
		Devoniano		410	primeiros insetos, primeiros anfíbios, primeiras samambaias e plantas com sementes
		Siluriano		435	primeiras plantas terrestres
		Ordoviciano		500	primeiros peixes
		Cambriano		540	primeiras esponjas, vermes, equinodermos, moluscos, artrópodes e cordados
EXPLOSÃO DE VIDA MULTICELULAR NOS OCEANOS					
PROTERO-ZOICO*	Neoproterozoica			1.000	uma única massa continental – Pangea – e um oceano – Pantalassa
	Mesoproterozoica			1.600	evoluem os protistas e se diversificam
	Paleoproterozoica			2.500	oceanos habitados por algas e bactérias
SURGIMENTO DE OXIGÊNIO LIVRE NA ATMOSFERA					
ARQUEANO				3.800	bactérias e cianobactérias, primeiras evidências de vida, rochas mais antigas conhecidas na Terra (3,8 bilhões de anos)
HADEANO				4.600	origem da Terra

Tempo

* Eons Proterozoico e Arqueano são reunidos sob a denominação Pré-Cambriano.

UZUNIAN, A.; BIRNER, E. *Biologia para um Planeta Sustentátel*. São Paulo: HARBRA, 2017. p. 671. Adaptado.

A HISTÓRIA DA TERRA

Bacias sedimentares: a biblioteca da história da Terra

Grandes áreas dos continentes vão sendo continuamente desgastadas pela erosão. São 26 bilhões de toneladas de partículas sólidas e sais em solução que são transportados todos os anos pela ação dos rios, vento, gelo etc. Você já pensou para onde é levado todo esse material?

Os rios, quando chegam nas planícies, perdem energia e começam a deixar para trás parte do material que transportam. Quando atingem o mar, mesmo as partículas mais finas começam lentamente a afundar. As geleiras não permanecem eternamente iguais. Chega um ponto em que começam a derreter, e nesse local é depositada a carga de detritos transportada. O vento amaina e o pó transportado é depositado. Esse processo de deposição é chamado de *sedimentação*. Lugares em que durante muito tempo foram sendo depositados sedimentos são chamados *bacias sedimentares*.

Os mares são grandes bacias sedimentares. Todo o material que é eliminado dos continentes acaba se depositando nos mares. Mas sobre os continentes também existem grandes bacias sedimentares: grandes extensões dos continentes estiveram no passado cobertas por mares rasos.

Ocorre sedimentação também em lagos, planícies e desertos.

Os sedimentos são depositados nas bacias, camada sobre camada, as mais antigas sendo soterradas pelas mais novas. O peso de inúmeras camadas sedimentares exerce pressão sobre as camadas inferiores que são, então, compactadas e transformadas em rocha sedimentar.

Algumas rochas sedimentares são construídas por seres vivos. Miríades de pequenos animais que constroem seus esqueletos de carbonato de cálcio, os corais, edificam

LUCAS LEUZINGER/SHUTTERSTOCK

com o tempo enormes recifes de calcário. Seres microscópicos que vivem flutuando nos mares têm muitas vezes esqueletos de cálcio ou sílica. Quando morrem, esses esqueletos podem afundar, depositando-se no fundo do mar. Grandes extensões dos oceanos têm o assoalho recoberto com lodo constituído de esqueletos de animais e algas microscópicas. Esse lodo se transforma com o tempo em rocha sedimentar.

Os sedimentos depositados são um registro da história das bacias sedimentares, mas estas não contam histórias completas. Pode acontecer que durante um longo período não haja deposição de sedimentos em determinada bacia: forças do interior da Terra podem ter erguido a bacia e pode mesmo ter ocorrido a perda de parte do registro – a erosão, por exemplo, pode ter destruído "algumas páginas". Por sorte, podemos comparar as diferentes bacias e as camadas que faltam em uma podem ser encontradas em outra. As bacias sedimentares são livros incompletos, mas o conjunto delas constitui uma grande biblioteca. É a biblioteca da história da Terra!

O Pantanal mato-grossense é exemplo de uma bacia sedimentar onde são depositadas camadas de sedimentos fluviais e lacustres: todos os anos os rios transbordam e o Pantanal se transforma em um imenso lago onde o lodo das águas afunda, depositando no fundo uma delgada camada de argila.

Banco de dados

Dois seres humanos, um adulto e uma criança, bastante diferentes do homem moderno, caminhavam por uma planície africana cerca de 3,75 milhões de anos atrás. A paisagem era dominada por vulcões e os dois deixavam suas pegadas em cinzas vulcânicas ainda fofas, talvez quentes. Novas erupções vulcânicas se encarregaram de soterrar esses rastros e preservá-los até hoje. A erosão expôs novamente esses registros da passagem de seres humanos, de modo que hoje eles nos dão uma pequena imagem da vida humana pré-histórica. Pegadas e rastros de animais não são as únicas evidências que temos acerca da vida em tempos antigos. Em certas circunstâncias a natureza se encarregou de preservar também partes das próprias criaturas. Conchas, carapaças e esqueletos são facilmente preservados desde que sejam rapidamente incorporados nas rochas sedimentares. É muito mais difícil ocorrer a preservação das partes moles. Estas apodrecem rapidamente, são decompostas por bactérias, vermes ou até mesmo por animais que se alimentam de cadáveres.

Sobre os continentes, plantas e animais são decompostos muito rapidamente. Até os ossos são destruídos pelo intemperismo. As plantas apodrecem, transformam-se totalmente em húmus e outros produtos de decomposição, que servirão como valioso nutriente para o crescimento de novas plantas.

Pegada de dinossauros (Taiândia).

Somente em situações muito especiais essa decomposição não acontece. No fundo de um lago ou oceano, onde ocorre rápida sedimentação, os restos de organismos são logo incorporados aos sedimentos e protegidos da destruição.

Então, somente seres aquáticos podem ser preservados?

Na terra firme, o intemperismo e a erosão destroem mesmo as rochas mais duras, e obviamente também os restos de seres vivos. Mas enchentes e enxurradas podem arrastar animais e plantas para as bacias sedimentares.

Intemperismo: processos atmosféricos e biológicos que geram a destruição quer física, quer química, de minerais ou rochas.

Para que os restos de seres vivos possam ser preservados nas rochas sedimentares é necessário que eles sejam soterrados rapidamente ou que venham a se depositar em locais onde não aconteça a decomposição. As águas paradas dos pântanos funcionam como conservantes. Essas águas são muitas vezes ácidas e pouco oxigenadas. Com isso, a matéria orgânica não se decompõe completamente. Troncos e outros res-

Húmus: restos de animais e de vegetais parcialmente decompostos, formando a camada superficial do solo.

20 A História da Terra

tos vegetais são, então, lentamente transformados em carvão. Algum animal incauto ou mesmo um homem que se aventure nesses pântanos pode afundar e acabar mumificado.

Restos de animais e plantas preservados nas rochas sedimentares são denominados *fósseis*. As partes duras, como conchas e ossos, podem ser preservadas intactas. Podem também ser dissolvidas e deixar sua marca como cavidades na rocha ou como cavidades preenchidas posteriormente por outros materiais. As partes moles podem deixar impressões na lama. Em casos muito raros se encontra a forma completa do animal. No Ceará, encontram-se fósseis de peixes tão bem preservados que até as escamas são perfeitamente identificáveis.

Os fósseis são encontrados somente nas rochas sedimentares. Assim, as bacias sedimentares são os registros da história da vida na Terra: as rochas dão informações sobre o clima, o relevo, o ambiente em que se depositaram e os fósseis testemunham a fauna e a flora existentes então.

Abaixo, fósseis de trilobitas, artrópodes que viveram durante o Paleozoico.

As páginas da história da vida na Terra

Cada camada de rocha sedimentar foi formada em determinada época e pode conter fósseis de animais e plantas que habitaram a Terra naquela época. Com o estudo sistemático dos fósseis verificou-se que a maioria deles era de seres que não mais habitam a face da Terra.

Nos primórdios, a superfície da Terra e, sem dúvida, também a vida, era bastante diferente da que conhecemos hoje. Já havia continentes e oceanos quando o registro sedimentar elaborava as primeiras páginas dessa história. Os continentes eram desnudos, não havia sobre eles seres vivos. Durante esse eon, chamado de Arqueano, os primeiros seres vivos restringiam-se aos oceanos. Algas azuis, também denominadas cianofíceas, e bactérias eram os unicos hóspedes de nosso planeta. De onde vieram não se sabe com certeza.

No Arqueano, não existia ainda oxigênio livre na atmosfera e na água do mar. Assim, até o intemperismo ocorria de maneira diferente. O ferro que hoje é oxidado, formava sais solúveis que eram transportados para o mar pelos rios. A água do mar devia conter grandes quantidades de ferro e outros metais. A atmosfera era carregada de gás carbônico. Miríades de algas e bactérias microscópicas se encarregaram de preparar a Terra para a vida que conhecemos hoje. As algas, fazendo fotossíntese, produziram oxigênio. Suas carapaças de carbonato de cálcio acumularam-se no fundo do mar, formando os primeiros calcários.

O aparecimento do oxigênio livre nos mares marca o fim do Arqueano e o começo do Proterozoico, 2,5 bilhões de anos atrás. Bactérias passaram agora a utilizar o oxigênio e a se alimentar de sais de ferro e outros metais. Sim, a oxidação do ferro fornece energia! Os oceanos foram purificados do ferro e em seus assoalhos depositaram-se espessas camadas de ferro oxidado e carapaças silicosas das bactérias. São as enormes jazidas de ferro de Minas Gerais, Serra dos Carajás e similares em todos os outros continentes. Terminado o Proterozoico, algo em torno de 540 milhões de anos atrás, inicia-se o Fanerozoico, eon que dura até hoje. De tempos mais recentes, as bacias sedimentares preservam registros mais detalhados. Sucedem-se Paleozoico, Mesozoico e Cenozoico, que veremos a seguir.

Paleozoico

Repentinamente, os mares da Terra se encheram de vida. Apareceram os ancestrais de todos os seres que conhecemos hoje. Mas a vida se restringia aos mares. Para colonizar os rios e lagos, e depois a terra firme, foram necessárias muitas adaptações. Primeiro as plantas colonizaram os continentes; os animais vieram logo depois. No meio do Paleozoico, florestas e pântanos cobriam grande parte dos continentes. Florestas muito diferentes das que conhecemos hoje, com samambaias, licopódios e equissetos arborescentes (licopódio e equisseto são plantas primitivas bastante comuns no Brasil). As plantas modernas, com flores, ainda não existiam. Libélulas gigantes cruzavam os ares e, nos pântanos, anfíbios primitivos espreitavam suas presas.

Mesozoico

Deu-se a hegemonia dos dinossauros, enormes répteis dos quais os maiores atingiam dimensões consideráveis, chegando a pesar mais de uma tonelada. Alguns eram herbívoros, alimentando-se de plantas. Outros, como o *Tyrannosaurus rex*, eram enormes predadores que caminhavam sobre as patas traseiras e tinham terríveis mandíbulas cheias de dentes pontiagudos com os quais atacavam outros animais. Os mamíferos – que já existiam – somente tiveram uma chance de dominar a Terra quando a extinção dos dinossauros marcou o fim do Mesozoico e o início dos tempos modernos.

Cenozoico

O Cenozoico iniciou-se quando os dinossauros desapareceram e dura até hoje. Os mamíferos tiveram no início do Cenozoico sua grande chance. A salvo dos terríveis predadores que eram os dinossauros carnívoros, os mamíferos espalharam-se rapidamente pela Terra. Surgiram muitas novas espécies que foram gradativamente ocupando os espaços disponíveis. As paisagens e os seres vivos são, no início do Cenozoico, muito semelhantes aos de hoje. Nesse período aparecem sobre a face da Terra os primeiros ancestrais do homem. Estes logo tiveram que enfrentar uma brusca mudança climática: a temperatura da Terra abaixou e grande parte dos continentes cobriu-se de gelo. Iniciava-se uma sequência de períodos glaciais, dos quais o último terminou cerca de 10.000 anos atrás. Os primeiros seres humanos ainda chegaram a conhecer animais pré-históricos. Mamutes e mastodontes, assim como o enorme urso das cavernas, foram provavelmente extintos pelo próprio homem que, graças a suas habilidades, passou a dominar o mundo.

SRUILK/SHUTTERSTOCK

Representação ilustrativa do *Tyrannosaurus rex*, cujo maior exemplar conhecido mede 12,3 m de comprimento e 4 m de altura!

Vimos como grande parte da história da Terra nos é contada pelo solo. Grandes extinções marcam os limites entre as eras; extinções menores marcam as passagens de um período para outro. Muitos cientistas acreditam, no entanto, que a maior das extinções em massa de seres vivos está acontecendo hoje! A causa é o aparecimento do ser humano, que inescrupulosamente caça animais até o seu desaparecimento, destrói o ambiente vital para muitos animais e plantas e é capaz de tornar a Terra inabitável para sua própria especie!

Banco de dados

Sem dúvida, uma das catástrofes mais formidáveis na evolução da vida na Terra foi o desaparecimento dos dinossauros. Nas bacias sedimentares, a derradeira camada do Mesozoico é um fino leito argiloso que contém uma quantidade acima da média de dois metais muito raros: ósmio e irídio. Esses metais são encontrados especialmente nos meteoritos. A descoberta dessa camada levou os cientistas a presumirem que houve naquele tempo o impacto de um enorme meteoro na Terra, podendo ter desencadeado diversos processos catastróficos. Os tremores causados pelo choque originaram enormes ondas nos mares, que teriam arrasado grande parte da superfície da Terra. Mas, por ocasião do impacto, uma grande quantidade de poeira, lançada às camadas mais altas da atmosfera, deve ter sido a consequência mais devastadora, impedindo a luz solar de chegar até a superfície da Terra. Com isso, a temperatura entrou em declínio e as plantas pararam de crescer. Após poucas semanas ou meses, os dinossauros não tinham mais do que se alimentar, e sucumbiram à fome e ao frio.

Os cientistas calcularam que o meteoro, para produzir os efeitos que extinguiram os dinossauros, devia ter um diâmetro entre 6 e 14 km, atingir a Terra a uma velocidade de 20 km/s e produzir uma cratera de aproximadamente 200 km de diâmetro.

O provável local do impacto foi recentemente apontado: próximo à localidade de Chicxulub, no México, identificou-se uma cratera com 180 km de diâmetro, circundada por outros anéis de 240 e 300 km. Essa cratera está hoje recoberta com centenas de metros de sedimentos. Perfurações trouxeram à tona fragmentos de rocha que haviam sido derretidos pelo intenso calor produzido pelo impacto do meteoro.

Existem no entanto, outras teorias para explicar a extinção dos dinossauros. Alguns cientistas alegam que esses répteis já estavam em processo de extinção muito tempo antes, e que se trata de um resultado gradual, talvez decorrente de lentas modificações no clima da Terra. Outros acreditam que não tenha sido somente um meteoro, mas uma verdadeira chuva deles, que se chocou com a Terra em diferentes lugares.

Manifestações das Profundezas

Os processos que modificam a superfície da Terra são geralmente lentos e quase imperceptíveis. No entanto, em determinados lugares e momentos essas manifestações podem ser violentas e catastróficas. Muitas pessoas vivem perigosamente. Vivem onde a Terra manifesta suas forças de modo imprevisível.

Em certas regiões, a crosta da Terra se comporta como uma película sobre um caldo borbulhante. É aí que percebemos como essa crosta é delgada e delicada. Você viveria em uma região dessas? Por que as pessoas escolhem esses lugares para viver e quais os fenômenos da Terra que se manifestam nessas regiões?

Erupção do vulcão Stromboli, na Sicília, Itália.

Sim, eu devera comprimir meu peito,
Conter meu coração, que não pulsasse
Apagado vulcão, que inda fumega (...).

Gonçalves Dias: "Retratação"

Montanhas de fogo

Em determinados lugares pode-se vivenciar os efeitos do calor existente no interior da Terra. É um calor tão intenso, que se formam grandes bolhas de rocha derretida no manto ou na base da crosta. Esse material fundido é denominado *magma*. Lentamente ou de forma explosiva essa massa incandescente pode subir à superfície da Terra, formando montanhas denominadas *vulcões*. O magma, quando extravasa na superfície, é chamado *lava*.

Existem vários tipos de vulcões. Alguns são extremamente perigosos, pois quando entram em atividade, após muitos anos ou séculos de dormência, o fazem de forma explosiva. Outros vulcões expelem a lava calmamente e quase que continuamente, podendo ser observados de perto sem grandes perigos.

A lava pode ter as mais variadas composições. É a sua composição que define o tipo de vulcão que irá se formar. Nos *estratovulcões*, a lava é rica em gases, vapores de água, gás carbônico, enxofre e mesmo ácidos sulfúrico e clorídrico. A pressão desses gases pode fazer o vulcão inteiro explodir. Se a emanação dos gases é mais lenta, pode-se formar uma rocha parecida com uma esponja: a pedra-pomes.

O Aconcágua, montanha mais alta da América do Sul, é um estratovulcão. Tais vulcões têm a forma de um cone íngreme e são constituídos de camadas alternadas de lavas e cinzas vulcânicas. As cinzas vulcânicas, formadas pelas erupções explosivas, são gotículas de lava que esfriaram no ar e se depositaram nos flancos ou ao redor do vulcão.

Outros vulcões, denominados *vulcões em escudo*, não apresentam perigo de explosões. Sua lava contém poucos gases e é muito fluida. Ao consolidar-se, origina uma rocha de cor escura, conhecida como basalto.

Perfil de um estratovulcão.

26 A História da Terra

Em 18 de maio de 1980, o vulcão Santa Helena explodiu com incrível violência. 400 milhões de toneladas de cinzas foram lançadas ao ar, atingindo 19 km de altura.

Fique ligado!

A Terra cospe fogo

A vida transcorria normalmente na cidade de Batavia – antigo nome de Jacarta, capital da Indonésia – onde a população se dedicava à produção de açúcar e ao comércio de especiarias. No dia 22 de agosto de 1883 a cidade parou. Ouviu-se uma violentíssima explosão e pouco depois o céu se escureceu completamente, permanecendo assim por várias horas, em pleno dia. O que havia acontecido? A 150 km de distância, no estreito de Sunda, a ilha de Krakatoa tinha explodido. Dois terços da ilha de 33 km^2 foram lançados aos ares. Dezoito quilômetros cúbicos de rochas pulverizadas transformaram-se em uma nuvem de pó e pedras que atingiu 50 km de altura. O estrondo pôde ser escutado a até 5.000 km de distância. Se tivesse ocorrido em Porto Alegre, no Brasil, teria sido ouvido no país inteiro!

Esta foi a maior catástrofe vulcânica registrada na História. Diversas vilas foram destruídas e o número de mortos foi avaliado em 36.000, a maioria vítima de uma enorme onda que se formou no mar após a explosão. Durante muito tempo não foi possível navegar pelo Estreito de Sunda, pois uma camada de pedras flutuando, até dois metros acima do nível da água, impedia a passagem dos navios.

A HISTÓRIA DA TERRA

Banco de dados

Vulcões no Brasil?

No Brasil, não existem atualmente vulcões em atividade, mas entre 120 e 50 milhões de anos atrás eles eram comuns. Extensas áreas nas bacias sedimentares do Paraná, Amazonas e Parnaíba foram recobertas com espessas camadas de basalto. Na bacia do Paraná, chegam a 2.000 m de espessura. Esses basaltos contêm muitas vezes cavidades, remanescentes de bolhas de gases, que se encontram hoje preenchidas com bonitos cristais de ametista, calcita, zeólitas e outros minerais. No Rio Grande do Sul, são encontradas ametistas em tal quantidade que perderam o valor e o prestígio que tinham.

Os solos vulcânicos estão entre os mais férteis. No Sul e Sudeste do Brasil, o intemperismo dos basaltos resulta em solos muito férteis conhecidos como *terra roxa*.

Quartzo-pórfiro: formado provavelmente a partir de escoamentos de lavas.

Fonte: LEINZ, V.; AMARAL, S.E. *Geologia Geral*. Sao Paulo: Ed. Nacional, 1985.

TREMORES DA TERRA

Ja vimos como os terremotos nos ajudam a desvendar o interior da Terra. Eles são, no entanto, muitas vezes responsáveis por grandes estragos e a perda de muitas vidas.

Os terremotos mais violentos destroem cidades inteiras, mudam o curso de rios, elevam praias e inundam outras regiões litorâneas. Quando ocorrem no mar ou próximo deste, eles podem ocasionar a formação das terríveis ondas denominadas *tsunamis*. Essas ondas trafegam a velocidades altíssimas, podendo atravessar oceanos inteiros a mais de 700 km por hora. Quando se aproximam do litoral, são freadas, mas se elevam a alturas muitas vezes acima de 30 m (altura de um prédio de dez andares).

Como se originam os terremotos?
Faça uma experiência: esfregue o dedo sobre uma mesa,
apertando com força. O que aconteceu?

O movimento do dedo provavelmente não foi uniforme. Ele deslizou aos trancos produzindo vibrações. Agora imagine grandes massas de rocha deslizando umas ao longo das outras. A pressão faz acumularem-se tensões e, cada vez que essas tensões se tornam muito grandes, os blocos de rocha se deslocam com um "tranco". Esse "tranco" é o responsável pelos terremotos.

Ocorrem todos os anos diversos terremotos na Terra. Os mais intensos ocorrem em média 11 vezes por ano, em diversos lugares. Já os terremotos mais brandos são registrados com muita frequência pelos sismógrafos: cerca de 300.000 tremores por ano.

Juntando as Peças

O conhecimento dos processos geológicos que levaram à atual disposição das cadeias de montanhas, fossas abissais, continentes e oceanos passou no século XX por uma grande revolução. Ideias curiosas que já tinham passado pela cabeça de célebres cientistas haviam sido refutadas. No entanto, a partir dos anos 50 do século passado, descobertas intrigantes permitiram encaixar os fenômenos como que em um grande quebra-cabeça, resultando em um novo modelo: os continentes se movem sobre a superfície da Terra.

Observe os contornos dos continentes: eles não parecem peças afastadas de um mesmo bloco de terra? Não seria possível que, um dia, os continentes tenham formado um único aglomerado de terras?

Você vai participar agora das descobertas que levaram à construção da nova imagem do nosso mundo. Veremos algumas das mais importantes peças do quebra-cabeça que revolucionou a ciência da Terra.

Fique ligado!

Uma ideia herege

Em 1911, o jovem meteorologista Alfred Wegener escreve uma carta a sua futura esposa Else Köppen, filha do famoso climatologista Wladimir Köppen. Wegener, que trabalhava como professor independente em Marburg, na Alemanha, tinha recebido um belo atlas de seu vizinho de quarto, como presente de Natal. Na carta ele escreve: "Estivemos durante horas observando os maravilhosos mapas e uma coisa chamou minha atenção. Observe por favor um mapa-múndi: a América do Sul e a África não parecem se encaixar perfeitamente, como se antigamente esses dois continentes tivessem formado uma unidade?... essa ideia eu preciso analisar com mais atenção".

No ano seguinte, no dia 6 de janeiro, Wegener surpreende a Assembleia Geral da Sociedade Geológica, em Frankfurt, com uma palestra na qual expõe suas ideias: os continentes se movem sobre a superfície da Terra.

A teoria de Wegener foi violentamente combatida. Como podia um meteorologista ousar fazer tais afirmações, sendo que sequer era geólogo e que se preocupara com a ideia somente durante um ano? Nos anos 60, novas descobertas geológicas provaram que Wegener tinha razão, e hoje suas ideias proscritas estão praticamente comprovadas. É claro, com pequenas modificações...

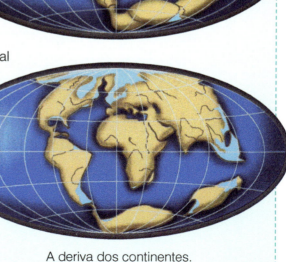

A deriva dos continentes.

A HISTÓRIA DA TERRA

Esteve o Brasil ligado à África?

Observe, na página ao lado, como a América do Sul e a África têm contornos que parecem se encaixar como peças de um quebra-cabeça. Wegener fez essa observação no início do século XX e sugeriu que, de fato, no passado, América do Sul e África, assim como Índia, Austrália e Antártida, faziam parte de um único continente, denominado Gondwana. Wegener contava com várias evidências a favor de suas ideias.

Os estudiosos dos fósseis das eras Paleozoica e Mesozoica defrontaram-se com coincidências difíceis de serem explicadas. No Brasil e na África foram encontrados fósseis de animais e plantas muito semelhantes. Tão semelhantes que dificilmente poderiam ter surgido de maneira independente. Um desses fósseis é o de um pequeno réptil nadador, parente dos dinossauros. Esse animal, denominado *Mesosaurus*, viveu no período Permiano e nadava em mares tropicais rasos. Seus restos fossilizados podem ser encontrados em calcários do Sul e Sudeste do Brasil. Na África, encontraram-se restos de répteis muito semelhantes. Apesar de nadador, era um animal delicado que não seria capaz de atravessar o oceano Atlântico.

Em camadas um pouco mais antigas existem leitos de carvão mineral. Nas florestas e pântanos que originaram o carvão cresciam curiosas árvores com folhas cujas formas lembram línguas. Restos desses vegetais, denominados *Glossopteris*, foram encontrados no Brasil, na África, mas também na Índia, Austrália e Antártida.

Esqueletos fósseis de *Mesosaurus*.

JOAQUIN CORBALAN P/SHUTTERSTOCK

Wegener tinha ainda outras razões: além dos continentes se encaixarem tal peças de um enorme quebra-cabeça, descobriram-se em todos os continentes agrupados como Gondwana, vestígios de uma era glacial no período do Carbonífero. Curiosamente, as estrias e marcas deixadas pelas geleiras indicam que estas se moviam a partir de uma região central localizada na África.

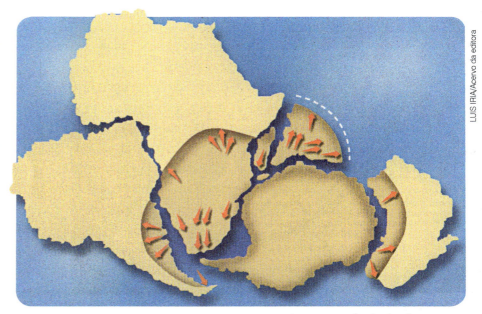

A glaciação carbonífera deixou suas marcas. Veja pelas direções das estrias produzidas pelas geleiras onde deve ter sido o pólo sul naquela época.

Na figura ao lado você pode ver claramente que a direção dos movimentos das geleiras indica que o pólo sul se situava na África.

Apesar de todas essas evidências e muitas outras, a teoria de Alfred Wegener foi violentamente combatida e mesmo ignorada por meio século. Somente na metade do século XX os cientistas passaram a se deparar com evidências cada vez mais concretas de que os continentes realmente se movem sobre a superfície da Terra.

Novas evidências sustentam a teoria de Wegener

Alfred Wegener havia tido uma ideia genial. Na verdade, não fora o primeiro, mas ele se dedicou à busca de provas e argumentos. No entanto, por mais que procurasse, não conseguiu explicar qual seria a força capaz de arrastar continentes inteiros sobre as rochas basálticas dos assoalhos oceânicos.

A História da Terra 33

Justamente por isso, sua teoria foi descartada nos meios científicos. Mas a ciência progrediu, e, com o tempo, novas descobertas indicavam que, de alguma maneira, Wegener poderia ter tido razão.

Alguns geólogos e físicos estudavam o campo magnético da Terra. Para saber se o pólo norte sempre havia estado no mesmo lugar, eles utilizaram uma propriedade da magnetita, mineral que se comporta como a agulha de uma bússola: aponta para o norte. Em muitas rochas magmáticas existem pequenos cristais de magnetita que, durante a cristalização da rocha, passam a se orientar no campo magnético da Terra. Depois da solidificação da rocha, eles ficam presos e não podem mais mudar de orientação. Esses cristais podem indicar onde estava o pólo norte quando a rocha se formou. Assim, estudando rochas cada vez mais antigas, descobriu-se que os pólos magnéticos da Terra haviam se deslocado. O problema surgiu quando se descobriu que em diferentes continentes as rochas indicavam caminhos diferentes para o deslocamento dos pólos. Como a Terra tem somente um pólo norte, concluiu-se que quem tinha se deslocado foram os continentes.

O OCEANO ATLÂNTICO SE ABRE

Navios oceanográficos cruzavam os mares e, a bordo, equipes de cientistas coletavam informações para conhecer melhor essas massas aquáticas e a natureza dos assoalhos.

O primeiro oceano a ser estudado em detalhe foi o Atlântico. Os mapas do relevo submarino que foram sendo elaborados revelaram a existência da cordilheira Mesoatlântica (ou dorsal Mesoatlântica), onde antes se imaginava uma monótona planície. Pedaços de rocha, dragados do fundo do mar, indicavam que tudo era constituído de basalto: o fundo dos oceanos foi originado por erupções vulcânicas!

O basalto contém cristais de magnetita que podiam trazer novas informações sobre o deslocamento dos pólos. Quando as direções de magnetização das rochas do assoalho do oceano Atlântico começaram a ser estudadas,

A HISTÓRIA DA TERRA

descobriu-se um fato curioso: além de aparentemente se deslocarem, de tempos em tempos ocorre uma total inversão dos pólos magnéticos da Terra. O pólo norte vira sul e o pólo sul vira norte.

Esse padrão magnético foi depois encontrado em todos os oceanos. As faixas dispõem-se sempre em pares simétricos, uma de cada lado da linha central das cadeias oceânicas. Quando se determinaram as idades dessas rochas, descobriu-se que, de ambos os lados das cadeias, as rochas mais distantes são cada vez mais velhas.

Isso tudo indicava que, de alguma maneira, o oceano estava se abrindo. No meio das cadeias oceânicas devia acontecer a formação de novo assoalho oceânico.

Centímetro por centímetro os oceanos se alargam.

Você sabia?

...que a América do Sul distancia-se da África cerca de 6 centímetros por ano? Se Cristóvão Colombo repetisse hoje a sua viagem que levou à descoberta da América do Sul, ele teria que viajar 30 metros a mais!

Nas grandes cadeias de montanhas existem sedimentos que foram depositados no fundo dos mares e hoje se encontram a grandes altitudes. Como eles foram parar lá?

O Monte Everest (no Nepal), maior elevação do mundo, é constituído de calcários marinhos, depositados no período Carbonífero.

O MISTÉRIO DOS SEDIMENTOS QUE DESAPARECERAM

As rochas sedimentares depositadas sobre os continentes podem também ser erodidas novamente. O vento, as geleiras e os rios estão continuamente desgastando os continentes e transportando os detritos para o mar. É, pois, no fundo do mar que deveria existir uma quantidade enorme de sedimentos que pudessem talvez contar a história da evolução da Terra com mais detalhes. Alguns geólogos estavam procurando esse arquivo petrificado. No oceano Atlântico, os sedimentos mais antigos têm somente 200 milhões de anos. Afinal, o Atlântico é um oceano jovem, que surgiu somente quando África e América do Sul começaram a se separar. Mas, nos outros oceanos também não foram encontrados sedimentos mais antigos. De algum modo eles deveriam ter sido retirados dos oceanos.

As rochas sedimentares das cordilheiras mostram-se bastante deformadas. As camadas apresentam-se dobradas, falhadas e parte das rochas sedimentares foi transformada em rochas metamórficas. Algumas foram submetidas a tal pressão e temperatura que acabaram derretendo e se transformaram em grandes massas de granito.

Se rochas sedimentares antigamente depositadas nos oceanos encontram-se hoje deformadas e transformadas no alto das cadeias de montanhas, alguma força descomunal deve ter atuado.

A TERRA DIGERE SUA CROSTA

Os sismólogos, especialistas em terremotos, dispunham de informações cada vez mais completas sobre a distribuição desses tremores.

Colocados num mapa-múndi, observa-se que os terremotos ocorrem comumente em determinadas zonas. Trata-se de longas faixas que acompanham as grandes cadeias de montanhas tais como Andes, Montanhas

Rochosas, Alpes, Cáucaso e Himalaia. Além disso, essas faixas se prologam acompanhando os arcos de ilhas vulcânicas, locais onde hoje existem milhares de vulcões ativos. Terremotos mais fracos ocorrem também ao longo das cadeias oceânicas, onde sua ocorrência é explicada pela abertura das fendas pelas quais sobe o magma basáltico.

Observe o mapa com os registros de terremotos. Eles são muito frequentes ao redor do oceano Pacífico. Existe aí uma curiosa associação: cordilheiras de montanhas e arcos de ilhas salpicados de vulcões e ladeados por fossas abissais.

O que acontece? A crosta oceânica mergulha para dentro do manto. Esse processo é acompanhado de grande atrito, que se manifesta nos terremotos.

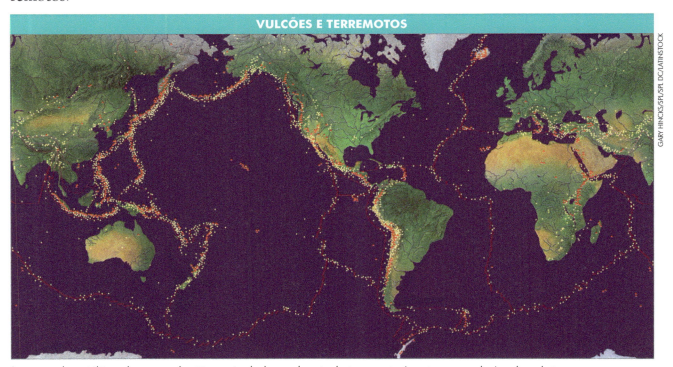

Imagem de satélite sobre a qual estão assinalados os locais de terremoto (pontos amarelos) e de vulcões (triângulos vermelhos).

TECTÔNICA DE PLACAS

Com as novas descobertas geológicas, a teoria de Wegener, combatida com tanta veemência no início do século XX, renasceu com nova roupagem ao longo dos anos 1950 e 1960. Inicialmente com medo de serem ridicularizados pelos colegas, mas depois com cada vez mais certeza, os cientistas passaram a aceitar a ideia de continentes se deslocando sobre a superfície da Terra. Hoje, a teoria é considerada praticamente comprovada. Os processos são, no entanto, diferentes daqueles aventados por Wegener.

O novo modelo é denominado *tectônica de placas*.

Os continentes não são arrastados por sobre a crosta oceânica. A litosfera inteira se movimenta na forma de imensas placas rígidas. Os continentes são simplesmente "levados de carona". Eles estão apoiados sobre placas que se movem como esteiras rolantes. A litosfera flutua sobre a astenosfera que é plástica e deve estar parcialmente fundida. A astenosfera funciona como lubrificante para o deslocamento das placas.

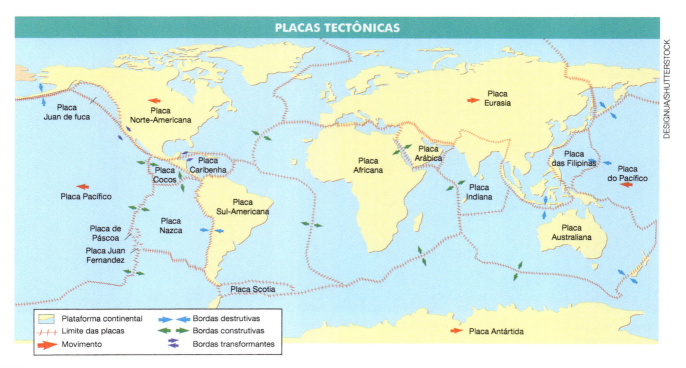

A Terra apresenta-se dividida em diversas placas tectônicas. Algumas têm somente crosta oceânica no seu topo. Outras carregam ainda massas continentais.

Observe nas figuras ao lado o que acontece nas bordas das placas. Existem três tipos de bordas.

As *bordas construtivas* são aquelas que acompanham as cadeias oceânicas. As duas placas adjacentes estão lentamente se distanciando e na abertura que é assim produzida se introduz magma basáltico que, ao esfriar, se transforma em rocha. Com isso, as duas placas cresceram um pouco.

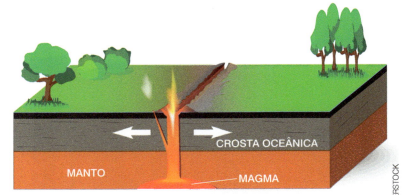
Bordas de placas construtivas.

As *bordas destrutivas* existem onde a litosfera inteira é reabsorvida pelo manto. Nesses locais ocorrem frequentemente fortes terremotos causados pelo atrito da placa mergulhando por debaixo da outra. As partes mais velhas dos oceanos são destruídas como parte de um imenso ciclo de constante rejuvenescimento dos assoalhos oceânicos.

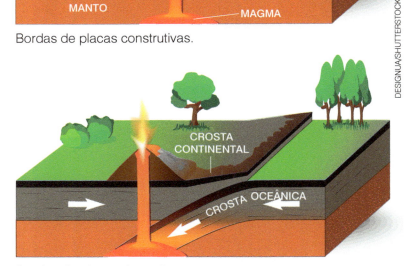
Bordas de placas destrutivas.

Os sedimentos depositados no fundo do mar não são carregados para dentro do manto. Nas fossas abissais, esses sedimentos são raspados, intensamente deformados e incorporados nos continentes. Com o calor do atrito eles se transformam em outras rochas, chamadas *metamórficas*. O acúmulo desses sedimentos raspados do assoalho oceânico produz, com o

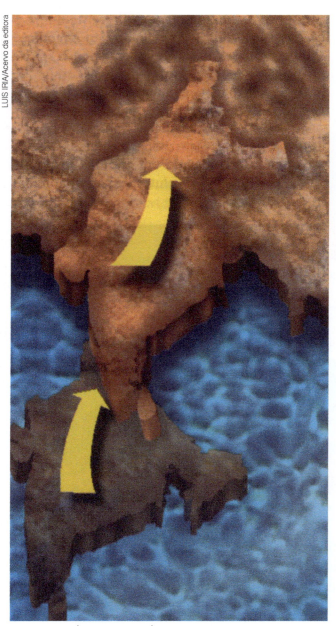

Colisão da Índia com a Ásia.

tempo, grandes montanhas. São as cordilheiras tais como os Andes na América do Sul. A placa que afunda contém basaltos que, após milhões de anos em contato com a água do mar, sofreram algumas transformações, reagindo com a água e os sais nela dissolvidos. Esses basaltos são aquecidos pelo atrito e acabam se fundindo parcialmente. É produzido um magma diferente do magma basáltico: além de ser mais rico em silício, sódio e potássio, contém vapor-d'água. O vapor-d'água faz com que os vulcões alimentados por esse magma sejam frequentemente explosivos. Além de grandes quantidades de cinzas, os vulcões localizados ao longo das bordas de placas destrutivas originam rochas. O magma, quando cristalizado em grandes profundidades, origina rochas plutônicas denominadas *diorito* e *granito*.

Pode acontecer que, nas bordas destrutivas, a crosta oceânica seja inteiramente consumida, gerando, assim, a colisão de dois continentes. A cadeia do Himalaia originou-se dessa maneira. A Índia colidiu com a Ásia e parte deslizou por debaixo desse continente. No Tibete, existem duas crostas continentais sobrepostas: a crosta asiática por cima da crosta indiana. Os Alpes europeus originaram-se pela colisão da África com a Europa. Onde antes havia um oceano inteiro, existe hoje uma cadeia de montanhas.

No terceiro tipo de borda de placa não ocorre formação nem destruição de crosta: são as *bordas transformantes*. Uma placa desliza ao longo de outra. Atualmente, isso acontece na Califórnia, EUA. A placa pacífica desliza ao longo da placa norte-americana. A linha que marca o limite é a falha de San Andreas, que passa ao longo das cidades de São Francisco e Los Angeles e é responsável por violentos terremotos.

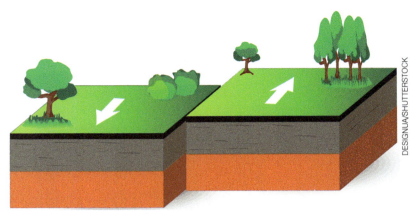

Bordas de placas transformantes.

A tectônica de placas com sua constante renovação da crosta é conhecida somente na Terra e parece estar intimamente ligada à vida. Vênus e Marte, planetas com estruturas semelhantes à da Terra, têm crostas rígidas e estáticas. Se não houvesse vida na Terra, sua atmosfera seria parecida com as de Vênus e Marte, constituídas quase que somente de gás carbônico.

O grande ciclo dos sedimentos, que são transportados dos continentes para os oceanos, e raspados dos assoalhos oceânicos para novamente serem incorporados aos continentes, produz uma constante renovação da crosta continental. Existem sempre novas montanhas e o solo fértil é sempre renovado.

Muitas jazidas de bens minerais, tão importantes para a sociedade humana, existem somente graças ao movimento das placas.

Você poderia imaginar qual seria o aspecto da Terra sem o processo da tectônica de placas?
Os continentes existiriam?
Haveria montanhas?
Haveria vida em nosso planeta?

A HISTÓRIA DA TERRA

ATIVIDADE PRÁTICA

FAÇA UMA COLEÇÃO DE MINERAIS E ROCHAS

Não é muito difícil organizar uma coleção de minerais e rochas. Você poderá montar uma bonita coleção para ter em casa ou na escola.

Material empregado

1. martelo, se possível de geólogo
2. óculos protetores de plástico
3. luvas de couro
4. lupa
5. ímã
6. ácido muriático diluído a 10% – **cuidado, o ácido deve ser manuseado somente por adultos**
7. canivete
8. caneta
9. sacos plásticos ou papel de jornal para embalar as amostras
10. fita crepe
11. caderneta

Coleta de amostras

1. Procure locais onde afloram rochas: riachos, cachoeiras, cortes de estradas e costões. Em pedreiras ou minas, podem ser encontrados exemplares interessantes, mas são locais perigosos. **Nunca entre nesses locais sem autorização dos proprietários!** Podem estar programadas explosões e é comum existirem pedras soltas que podem cair inesperadamente. Por isso, nesses locais é obrigatório o uso de capacete.

2. Com o martelo você poderá quebrar as rochas ou isolar minerais. Use os óculos protetores, pois, ao martelar, lascas podem se desprender. As luvas protejem as mãos. Os fragmentos de rocha são quebrados até atingir certo tamanho, por exemplo, 10 x 10 x 5 cm. As arestas agudas deverão ser suavizadas batendo diretamente sobre elas com o martelo.
3. Coloque as amostras em sacos plásticos ou embrulhe-as em jornal. Dê uma volta com fita crepe e numere. Na caderneta, anote local, data e os números das amostras coletadas. Pode ser útil para a classificação fazer uma descrição do local, onde estava a rocha e que outros tipos de rochas havia no local. Se você tiver acesso a um mapa geológico, esse poderá indicar que tipo de rochas existem no local.

Identificação

Minerais

Os minerais podem ser identificados pelas suas propriedades.

- **Cor:** alguns minerais podem ter várias cores; outros, somente uma.
- **Brilho:** pode ser metálico, vítreo (como vidro), adamantino (como diamante), sedoso, resinoso ou gorduroso.
- **Transparência:** pode ser transparente, translúcido ou opaco.
- **Forma:** está intimamente relacionada com a sua estrutura cristalina. A grande maioria apresenta formas regulares (cúbica, hexagonal etc.).
- **Clivagem e fratura:** anote a maneira como o mineral se rompe. Alguns se quebram ao longo de superfícies bem definidas. Estes são planos de clivagem. Outros quebram de maneira semelhante ao vidro.
- **Teste do ímã:** alguns minerais, como a magnetita, são magnéticos, ou seja, são atraídos pelo ímã.
- **Teste do ácido:** a calcita efervesce quando entra em contato com uma gota de ácido diluído. Alguns minerais que contêm enxofre, como a pirita, desprendem cheiro de ovo podre (gás sulfídrico).

Clivagem: propriedade de alguns cristais de se romper segundo determinados planos.

ESCALA DE DUREZA DE MOHS

São riscados pelo(a)

aumento da dureza →

1 Talco
2 Gipsita ou pedra de gesso } unha
3 Calcita
4 Fluorita } canivete ou faca de cozinha
5 Apatita
6 Feldspato
7 Quartzo
8 Topázio
9 Corindon
10 Diamante (mais dura substância conhecida)

▶ **Teste da dureza:** cada mineral tem uma dureza característica. Alguns podem ser riscados com a unha. Outros são mais duros, mas podem ser riscados com um pedaço de vidro ou canivete. Os minerais mais duros sao difíceis de serem riscados, mas eles riscam os menos duros.

▶ **Teste do risco:** ao riscar o mineral em uma louça ou porcelana (em um azulejo, por exemplo), o risco criado apresentará uma cor, auxiliando na identificação do mineral.

Propriedades de alguns minerais

MINERAL	COR/BRILHO/TRANSPARÊNCIA	RISCO	DUREZA	PROPRIEDADES ESPECIAIS
Quartzo	Incolor; translúcido, leitoso (impurezas tornam o quartzo colorido. Por exemplo, roxo, rosa, verde etc.)	Incolor.	7	Aspecto de vidro.
Feldspato	Branco, cinza, rosa levemente avermelhado; verde-arroxeado.	Incolor.	6	Bom sistema de clivagem.
Mica	Incolor, cinza, amarelo, verde, preto.	Incolor.	2,5	Boa clivagem; lâminas finas e flexíveis.
Calcita	Incolor ou branco; vítreo.	Incolor.	3	Efervescente em ácido diluído.
Pirita	Dourado; metálico.	Preto-esverdeado.	6,5	Aspecto de ouro.
Hematita	Cinza-avermelhado; marrom-avermelhado.	Vermelho-escuro.	6	Maciço.
Galena	Cinza-prateado.	Cinza-chumbo.	2,5	Pesado.
Talco	Branco a verde-pálido.	Incolor.	1	Tato sedoso.
Grafita	Cinza-preto.	Preto brilhante.	1 a 2	Maciço; risca o papel; frio e gorduroso ao tato.
Enxofre	Amarelo.	Incolor.	2	Atrai papel quando atritado na roupa.

A HISTÓRIA DA TERRA

Rochas

Como vimos, as rochas podem ser divididas em três grandes grupos:
- *rochas ígneas*, formadas pela cristalização de magma. Normalmente, não apresentam camadas. Se a granulação for fina pode tratar-se de uma rocha vulcânica. Rochas ígneas de granulação grossa são plutônicas;
- *rochas sedimentares*, formadas pelo acúmulo e compactação de pequenos grãos de areia (arenito), argila (argilito, folhelho), seixos (conglomerado) ou carapaças de calcita (calcários). As rochas sedimentares apresentam normalmente estrutura em camadas;
- *rochas metamórficas*, formadas por transformação de outras rochas devido a elevadas temperaturas e pressões.

Seixos: pequenas pedras arredondadas encontradas nos rios ou em algumas praias.

Mármore de Carrara polido.

Pedreira de mármore, uma rocha metamórfica, em Carrara, Itália. Depois de cortada e polida, pode-se ver toda a beleza dos veios da rocha.

Fique ligado!

Algumas rochas comuns

Rochas ígneas

WOE/SHUTTERSTOCK

GRANITO

Rocha plutônica, compõe-se de dois tipos de feldspato e quartzo, acompanhados de palhetas de mica. Estes constituintes estão aglutinados de forma homogênea. O granito não apresenta camadas. Existem muitas rochas semelhantes ao granito. Elas são agrupadas como rochas granitoides e se diferenciam por variações nas proporções entre o quartzo e os dois tipos de feldspato. Os granitos podem ter coloração cinzenta, branca, rósea, verde, marrom ou vermelha.

BASALTO

Rocha vulcânica constituída de minúsculos grãozinhos de feldspato, argila e magnetita. O basalto é uma rocha básica, pobre em silício e praticamente não contém quartzo.

TUKTABABY/SHUTTERSTOCK

Rochas sedimentares

ARENITO

MICHAL812/SHUTTERSTOCK

É constituída de grãos de areia aglutinados pela pressão exercida pelo peso de outras camadas sedimentares sobrepostas. Os grãos são normalmente constituídos de quartzo, mas o feldspato pode estar presente em grandes quantidades. Como outras rochas sedimentares, o arenito apresenta uma estrutura em camadas.

A HISTÓRIA DA TERRA

ARGILITO E FOLHELHO

São rochas sedimentares constituídas de argila. No folhelho, os argilominerais foram depositados em finas camadas, que fazem a rocha se assemelhar à massa folheada dos confeiteiros.

CONGLOMERADO

Assim como areia e argila, camadas de cascalho também podem se transformar em rocha sedimentar. O conglomerado é constituído de seixos em uma matriz arenosa ou argilosa. É interessante observar do que são constituídos os seixos. Trata-se, afinal, de fragmentos de rochas que podem ser sedimentares, metamórficas ou ígneas. Em geral, os seixos são de quartzo, pois estes são mais resistentes.

YES058 MONTREE NANTA/SHUTTERSTOCK

CALCÁRIO

Os calcários são rochas cinzentas, brancas ou de coloração creme, constituídas de minúsculos grãos de calcita ou dolomita. A maioria dos calcários se formou pelo acúmulo de carapaças microscópicas de certas algas ou esqueletos de corais, em mares tropicais rasos.

Rochas metamórficas

ARDÓSIA

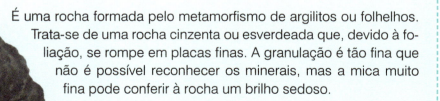

É uma rocha formada pelo metamorfismo de argilitos ou folhelhos. Trata-se de uma rocha cinzenta ou esverdeada que, devido à foliação, se rompe em placas finas. A granulação é tão fina que não é possível reconhecer os minerais, mas a mica muito fina pode conferir à rocha um brilho sedoso.

SAKDINON KADCHIANGSAEN/
SHUTTERSTOCK

A HISTÓRIA DA TERRA

XISTO

É formado pelo metamorfismo mais intenso do que a ardósia. Os grãos sao maiores e podemos reconhecer as palhetas de mica e grãos de quartzo. Podem estar presentes também grãos de feldspato, hornblenda e outros minerais mais raros.

SARAH2/SHUTTERSTOCK

GNAISSE

Tem composição semelhante ao granito: basicamente quartzo, feldspato e mica. O gnaisse difere do granito por sua estrutura foliada.

TYLER BOYES/SHUTTERSTOCK

MÁRMORE

O metamorfismo de calcários resulta em rochas de granulação mais grossa. Assim como o calcário, o mármore compõe-se de cristais de calcita ou dolomita. Apresenta as cores branco, cinza, marrom, róseo e azulado.

FABLOK/SHUTTERSTOCK

QUARTZITO

Arenitos transformam-se em quartzito pelo metamorfismo. Os grãos de quartzo se tornam maiores e embricados. Um tipo de quartzito com um pouco de mica e que se rompe facilmente em placas planas é conhecido como pedra mineira.

YES058 MONTREE NANTA/SHUTTERSTOCK